Entschlüsselung der Motivation

Bibliografische Information der Deutschen Nationalbibliothek
Die Deutsche Nationalbibliothek verzeichnet diese Publikation in
der Deutschen Nationalbibliografie; detaillierte bibliografische
Daten sind im Internet über http://dnb.d-nb.de abrufbar.

2. Auflage Oktober 2011
1. Auflage September 2011

© Claudia Leandra König, München:
„Zitate als Seelennahrung" ISBN 978-3-8423-7670-0
„Entschlüsselung der Motivation" ISBN 978-3-8423-7816-2
„Handbuch der Geistheiler" ISBN 978-3-8423-3772-5
„Der Stress-Knigge" ISBN 978-3-8423-0616-5
„In Liebe trauern" ISBN 978-3-8391-9045-6
„SEX in der Neuen Zeit" ISBN 978-3-8391-5237-9
„Weg frei zum Gesundwerden" ISBN 978-3-8370-7870-1

www.claudiakoenig.com
www.trainingsakademie.com

Herstellung und Verlag: Books on Demand GmbH,
Norderstedt, Deutschland, www.bod.de

Gestaltungshinweis:
Buchblock und Titelabbildung : Claudia Leandra König

Titelabbildung erstellt bei „Weinfurtner Das Glasdorf"
www.weinfurtner.de

Umwelthinweis:
Der Buchblock wurde auf säure-, holz- und chlorfreiem sowie
alterungsbeständigem Papier gedruckt.

ISBN: 978-3-8423-7816-2

Claudia Leandra König

Entschlüsselung der Motivation

Freiheit von Innen

Inhalt

Hinweis:
Ohne das Buch aufzublähen wird das Maskulin als Neutrum genutzt z.B. Chef meint Frau wie Mann.

„Vertrauen ist der Stoff,
aus dem Erfolg gemacht ist.“
Josephine Komara

Für ein erfülltes Leben

Vorwort

Eine neue Zeit erfordert ein neues Denken und zwar so eins, dass sich in alle Richtungen hin entfalten kann um bestmögliche Wertschöpfung und umfassende Zufriedenheit zu erreichen. Dies bedingt allerdings, dass wir uns, unsere etwaigen Mitarbeiter und unsere Philosophie genau kennen und da sieht es auf breiter Ebene ziemlich mau aus. Hauptgrund bzw. Manko ist, das die meisten Menschen eine Maske tragen und nicht zu erkennen ist, was sie tatsächlich wollen oder darstellen möchten.

Es ist daher nicht verwunderlich, dass die bisherigen Regelmechanismen immer weniger greifen, obwohl immer mehr in sie hineingepumpt wird. Mit diesem Automatismus verschleiert man das Ganze zusätzlich und versucht einen zum Ende neigenden Organismus künstlich am Leben zu erhalten, anstatt umzudenken und Veränderungen herbeizuführen. Wer wachsen will muss sich zwangsläufig verändern wie in etwa eine Raupe, die zum Schmetterling wird.

Ein Festhalten an alten Strukturen und Regelwerk ist nur den Wenigen dienlich, die daran verdienen, alle Anderen - welche die Mehrzahl stellen - ergötzen sich derweil fremdgesteuert am Fata Morgana-Syndrom ohne jemals Erfüllung zu finden. Trotz unzähliger Meinungen, Thesen, gesteuerter Vermutungen bis hin zu sündteuren Ausarbeitungen von individuell angepassten Organisationsentwicklungsprogrammen bzw. Motivierungsrahmenplänen und dergleichen, die auch gerne ungenutzt in Regalen verstauben, stellen sich alle am Ende des Tages die gleiche Frage: Wie motiviere ich mich und ggf. meine Mitarbeiter bloß um x zu tun? Die zugrundegelegte Motivationspsychologie arbeitet leider blindlings punktuell und vergisst, dass wir das komplette Ganze in das Blickfeld rücken müssen um aussagefähige Ansatzpunkte zu erhalten, denn Motivation an sich ist ja ein absolut individueller Vorgang.

Wir sollten aufhören uns mit allen möglichen Tipps und Tricks einzudecken, denen jegliche Personifizierung fehlt und unsere Erwartung auf Blitzmotivationslösungen aufgeben, sondern anfangen nicht mehr benötigte Weisheiten über Bord zu werfen damit unsere Sicht klarer wird. Ansonsten brauchen wir immer intensivere Reize um überhaupt in die Gänge zu kommen und irgendwann ist dann jede Lösung durchgelutscht und somit wirkungslos.

Dieses Werk zielt deshalb auf eine ganzheitliche Betrachtung aus Tiefenperspektive ab und stellt die Mitspieler der Motivation detailliert vor. Aus dieser Erkenntnis heraus ist es uns möglich die Zusammenhänge zu erkennen, den eigenen Anteil zu steuern und selbst eine Richtungsänderung vorzunehmen.

Weiter bekommen wir eine Reihe von Schlüsselimpulsen, die unser bisheriges Agieren zum Überdenken anregt, denn unser gewohnheitsmäßiges wegschauen und verdrängen war gestern.

Veränderung geschieht ja nicht dadurch,
indem wir vorhandene Strukturen
bis in die Unendlichkeit hin überfrachten.

Veränderung geschieht dadurch, indem wir
Vorhandenes mutig entrümpeln
und durch neues und entschlanktes
Regelwerk ergänzen oder gar ersetzen.

Ansonsten sind unsere Bemühungen für
ein zufriedenes Leben nichts anderes,
als ob wir auf einen verschimmelten Kuchen
frische Erdbeeren setzen und dann
freihändig davon ausgehen,
dass der dann schmeckt.

So wünsche ich von Herzen viele klärende und nährende Informationen in diesem Werk, damit in Zukunft der Kuchen für alle etwas besser schmeckt.

Claudia Leandra König

„Ich will keine Veränderung mehr.
Ich habe mich so an mich gewöhnt."
Paulo Coelho in „Der Alchimist"

TEIL 1

Demaskierung
von Mythen

Kapitel 1:

Hindernisse aus dem Weg räumen

Alte Gewohnheiten und Wertvorstellungen sowie überholtes Regelwerk einschließlich vergilbter Strukturen und dergleichen lassen uns wie Marionetten am dünnen und brüchigen Seil hängen, das allerdings seine Tage gezählt hat. Aufgrund rasanter Geschwindigkeit der in vielen Bereichen weltweit stattfindenden sehr ernüchternden Ereignisse sind wir sozusagen zum Umdenken gezwungen. Es bleibt uns somit nichts anderes übrig, als den vorhandenen Sumpf trockenzulegen und damit beginnen wir sogleich:

Demotivierende äußere Ursachen abstellen

Der mit weitem Abstand **größte Hinderungsgrund** von außen, der wie eine Selbstverständlichkeit hingenommen wird **ist** in der **Demotivation** zu suchen. Ist diese aus dem Weg geräumt, dann kommt die Motivation meist von alleine. Es sei denn, es liegen innere Ursachen vor, dann sind auch diese zu beseitigen (nächter Abschnitt).

Im Business
Demotivierend ist eine undurchsichtige Unternehmenspolitik, eine chaotische Organisation, ein angespanntes Verhältnis zu den nächsten Bezugspersonen, zu viel Arbeit, Druck vom Vorgesetzten, eine zu langweilig gestaltete Tätigkeit, keine Entwicklungsperspektive, zu hohe oder zu geringe

Verantwortung, ungerechte Bezahlung und zu wenig oder gar fehlende Anerkennung. Nachdem nun eine lange Phase äußerst fraglicher und recht kreativer Versuche Mitarbeiter zu motivieren wenig fruchtreich blieb, könnten wir ja mal einen Versuch mit der Wahrheit wagen um die explusivsten Störfelder aufzudecken, denn der Käse hat mittlerweile mehr Löcher als Materie. **Die Wahrheit kennt keine Kompromisse,** hängt an zwei Hacken bzw. zwei Werten (Kapitel 4 Werte) und will partout keiner sehen:

1⟩ Menschenunwürdige Arbeitsbedingungen
Die Fürsorgepflicht eines Arbeitgebers sieht anders aus, als Mitarbeiter in die Streckbank zu klemmen und das was dann noch übrig ist vom Psychiater ruhigstellen zu lassen.

2⟩ Ungerechte Entlohnung
Der Lohn- und Gehaltsbereich ist der empfindsamste Bereich in Unternehmen, der nach erheblichen Ungerechtigkeiten schreit. Das ist aber nichts, worauf wir stolz sein können und als Nebenprodukt auch noch die Altersarmut dazu kreierten.

Solange diese zwei Hot Shots noch sprudeln, solange muß sich nicht nur der Arbeitnehmer mit den äußerst schlechten Bedingungen arangieren, sondern hat der Arbeitgeber ein schlechtes Klima, Leistungseinbußen und Arbeitsausfälle zwangsläufig als gegeben hinzunehmen bzw.: Eine Hand wäscht die Andere, denn jede Form der Unterdrückung rächt sich stets. Zudem kommen die Ausfälle überwiegend von denjenigen, die nicht betroffen sind, da meist nur diese den „Ausgleich" herstellen können. Das können wir allerdings nur dann erkennen, wenn wir eine Offenheit gegenüber Spiritualität aufweisen und das sollten wir uns erlauben, denn ohne diese bleiben viele Fragen offen und mit bekommen wir viele Antworten. Der heiligen Kuh der **Entlohnung** sollten wir folglich gerecht werden und sie nach **neuen und gerechten Maßstäben** errechnen. Dabei empfehlen sich Leistungserbringung, Wissen, Erfahrung und soziale/emotionale Kompetenz als Hauptkriterien mit der meisten Gewichtung zu nutzen. Zusätzlich ist das Gezerre mit den vertraglichen und gesetzlichen Bestimmungen zu harmonisieren bzw. damit Grenzen zu setzen, insbesondere dann, wenn es sich um Boni mit Ufo-Virus handelt.

Zur Beseitigung der restlichen äußeren Hindernisse ist diejenige Führungsperson gefordert, die nicht die Firmenleitung zu sein braucht. Die Schlüssel hierzu sind eine klare Führung und eine funktionierende Kommunikationskultur. Gute Führung ist keine erlernbare Technik, sondern eine Frage der inneren Grundhaltung, die neben Authentizität und Kompetenz auch Wertschätzung gegenüber Anderen beinhaltet. Mehr dazu in Kapitel 5 Gute Führung.

Im Privatbereich
Demotivierend sind Menschen, die jedwede Aktion unsererseits mit **Schwarzmalerei** besulen und ihre

Angst vor Neuem und Ungewohntem vehement auf uns kleben wollen. Am besten meiden wir diese Personen, da sie uns nur von unserem Weg abbringen wollen und es nicht ertragen können wenn wir uns verwirklichen, da sie selbst in der Bequemlichkeitsfalle ein neues Zuhause gefunden haben und damit unzufrieden sind.

Demotivierende innere Ursachen abstellen

Demotivierend sind eigene innere Unwägbarkeiten wie Identifizierungs- und Bindungsschwäche mit bzw. an den Partner/Arbeitgeber, mangelnde Kommunikationsfähigkeit bei Überforderung (Burnout) oder Unterforderung (Boreout) sowie innere Kündigung. Teil 2 dieses Buches gibt hier entscheidende Impulse um Klärung zu bekommen. Ansonsten ist es stets von Vorteil, sich von außen Unterstützung zu holen, denn das was wir an uns nicht sehen wollen, das sehen wir auch nicht – andere dagegen schon. Mit anderen sind unabhängige Dritte gemeint (Coachs, Berater, Trainer, Therapeuten, Geistheiler etc.) und nicht Familienangehörige oder Freunde, da diese mitunter überfordert sind, von unseren Schwächen womöglich selbst einen Vorteil haben oder die Hindernisse gar nicht wahrnehmen, da sie diese als gegeben bei uns hinnehmen. Fremde Dritte können uns helfen klarer zu werden was wir eigentlich wollen (Ziele) und was uns wichtig ist (Werte), uns helfen unseren Selbstwert wieder aufzubauen, uns unterstützen einen besseren Zugang zu unserer Intuition zu finden, unsere unrealistischen Traumschlösser aufzugeben oder uns energetisch zu unterstützen &&&. Nehmen wir lieber früher als später Hilfe in Anspruch, damit wir auch schneller wieder in die Zufriedenheit wechseln können.

Zusätzlich können wir unsere Kommunikationsfähigkeit durch entsprechende Schulung verbessern und lernen unsere Grenzen kennen und auch verteidigen zu lernen. Wer zu lange wartet die eigenen Themen zu klären wird immer bewegungsunfähiger, leistungsunfähiger und empfindet vieles nur noch als sinnlos. Gute Kommunikationsfähigkeit ist notwendig um sich gegenüber Anderen (Familie, Freunde, Vorgesetzte) zu äußern was wir brauchen und wo wir stehen. Das ist lernbar und damit geben wir uns und den Anderen eine **Chance auf Veränderung**. Gerade jetzt in einer Zeit in der viel in Bewegung ist, ist der Austausch notwendig um an gemeinsamen, erfüllenden und ggf. produktiven Wegen zu arbeiten. Ansonsten kann bei schnellem Partner-/Arbeitgeberwechsel passieren, dass das gleiche Desaster wieder von vorne beginnt, weil die vorherigen Chancen ohne Lerneffekt blieben.

Niemand zwingt uns auf Dauer irgendetwas zu tun, außer wir geben auf irgendeine Art und Weise unsere Zustimmung dazu. Wir sollten uns insbesondere im Job bei innerer Kündigung wertvoll genug fühlen und Erfüllung, Lebensfreude und Zufriedenheit wieder einladen und bitten an unserem Tisch Platz zu nehmen, denn Krankheit & Co ist eine weit schlechtere Option. Voraussetzung dazu ist, dass wir **Gefühle zulassen** können, denn kein Part-

18

ner/Freund/Chef auf der Welt kann uns ein Gefühl geben - er kann uns nur Materielles geben. Gefühle kann er ggf. bei uns anstoßen, aber machen tun wir sie selbst, indem wir sie in uns zulassen. Wechseln wir dazu in die Perspektive der Arbeitgeberrolle, dann können wir womöglich erkennen, dass uns doch auch nicht schmecken würde unglückliche, unzufriedene und unproduktive Arbeitnehmer zu haben. Kein Arbeitgeber will das, im Zweifel hat er nur keine Ahnung was wir brauchen und erfährt es auch nicht, wenn wir es für uns behalten. Ist hingegen der Graben zu groß, dann ist auch weglaufen ein adäquates Konfliktlösungsmodell.

Alte Modelle aussortieren

Die Krux an überholten Modellen ist die, dass man sie uns so lange eingebläut hat, bis bei uns ein Automatismus erzeugt wurde und wir uns nun an sie klammern als seien sie die einzig existierende Wahrheit. Dem ist nicht so, wir dürfen auch umdenken, denn selbständiges Denken an sich ist ja nicht verboten. So ist z.B. trotz allen Zweifeln das Pyramidenmodell von Maslow immer noch hoch im Kurs, obwohl sich die Zeiten seit dessen Erfindung drastisch verändert haben und meines Erachtens auch nur für denjenigen gegolten haben, der sich freiwillig in die Reihenfolge der Stufen hat hinein quetschen lassen. Oder die „Big Three" bei manchem immer noch die Bibel die vorbetet, das die drei Antriebsfedern auf Leistung, Macht und Anschluss lauten und biologisch bzw. als angeboren gelten, fast so, als ob es sonst keine Einflusskriterien geben würden. Wie dem auch sei, scheinbar existiert ein Klammereffekt um manchen Theorien eine Existenzberechtigung zu erteilen bzw. Forschungsetat zu sichern, egal wie nutzbringend das dann ist. Lassen wir den Klammereffekt also sein, befreien uns selbst und werden unser eigener Macher.

Belohnung ist der Schlüssel um zu motivieren

… denken die Führungsverantwortlichen und damit haben sie zumindest bei der Hälfte der Menschen Recht. Beim Rest liegen sie dagegen komplett falsch. Deshalb klärt nachfolgende aufschlussreiche Tabelle über die zwei gegensätzlichen Menschentypen auf, die aus meinem Buch „Der Stress-Knigge" entnommen und mit Motivationsgesichtspunkten ergänzt wurde:

	Kaltblüter	**Heißblüter**
Reaktion auf	Belohnung und gelockt werden (=Zuckerbrot).	Druck (macht sich auch eigenen) um sich zu motivieren (=Peitsche).
Konzentration auf	das, was sie erreichen wollen (=Zieldenken).	das, was sie nicht haben wollen (=Problemdenken).
Grenzen	Haben keine.	Haben viele.
Verantwortung	Schwach	Hoch
Emotionaler Standort	Außerhalb einer Situation.	Innerhalb einer Situation.
Gefühlswelt	Wenig Gefühl.	Viel Gefühl.
Primäre Wahrnehmung durch	Sehen und daher schnell.	Fühlen und daher langsam.

	Kaltblüter	Heißblüter
Neigung zum Leiden	Leiden nicht/kaum, da sie von ihren Gefühlen abgeschnitten sind.	Große Leidensbereitschaft. Erdulden zu viel bevor sie handeln.
Hilfe und Unterstützung	Erkennen nicht, wenn sie welche brauchen.	Warten zu lange um darum zu bitten/ sie einzufordern.
Teamfähigkeit	Ja, wenn sie die Platzhirschrolle bekommen.	Schätzen das Miteinander. Hoch.
Tendenz zur Führungsverantwortung	Haben sie, es fehlt jedoch an Einfühlungsvermögen.	Haben Einfühlungsvermögen, sind aber zu wenig Chef, weil sie ein Gewissen haben.
Bei Führungsrolle: Meinung von Mitarbeitern	Leisten nur mit Belohnung, sind lustlos und können keine Verantwortung tragen.	Was können sie (physisch) überhaupt leisten, sie wollen arbeiten.
Sind Themen über Ethik & Moral möglich	Schlecht, da sie diese nicht haben bzw. kennen.	Ja, sie sind ihnen sehr wichtig.
Projekte zu Ende führen möglich	Guter Visionär – Detailverliebtheit fehlt jedoch für die Umsetzung.	Detailverliebt, kann Projekte zu Ende führen, denkt an alles, aber kaum Visionen.
Bodenhaftung	Überflieger haben kaum Erdung und wirken deshalb etwas weltfremd.	Gut geerdet, manchmal zu viel und damit unbeweglich.

(Darstellung der Gegensätze in ihrer Spitze.)

Der Anteil der Typen hält sich die Waage und ist wertfrei zu sehen, da beide Typen gebraucht werden. Auffallend ist, dass überwiegend (noch) Kaltblüter die Macher sind, da sie die meiste imaginäre Muskelkraft besitzen, aber (leider) gefühlsneutral sind, dass irgendwie zum stillschweigenden Verhaltenskodex verkommen ist. Deshalb geht der nicht aufzuhaltende Trend jetzt auch davon weg und hin in Richtung gleichmäßiger Wertschätzung beider Typen und somit in die Neuordnung der Machtverhältnisse. Damit werden dann auch die Qualitäten der Heißblüter endlich gewürdigt. In diesem Buch werde ich auf diese Einteilung mehrfach zurückkommen.

Wenn Belohnung zur Belastung wird

Als Ausgangsthese können wir an obiger Tabelle erkennen, dass die Einen auf Belohnung und die Anderen auf Druck reagieren (mehr unter Kapitel 4 Werte, Abschnitt „Werte und Motivation"). So weit, so gut. Bei genauerer Betrachtung können wir jedoch feststellen, dass sich beim **Thema Belohnung ein folgenschwerer und grundlegender Verständigungsfehler** eingeschlichen hat: „Belohnung heißt ausschließlich Anerkennung durch Geld oder Sachleistung" sinniert man. Wäre diese Allmachtstheorie wahr, dann dürfte es das nicht geben:

> ➢ Ehrenamtlich Tätige: Diese bekommen ja überwiegend nicht einmal ihre mitunter auch hohen Aufwandskosten erstattet und erbringen trotzdem motivierte Leistung.

➢ <u>Zufriedene Menschen trotz Armut:</u> Ziel einer Belohnung ist Menschen zu motivieren um sie zufriedener zu machen. Nach diversen Glücksbarometern - welche Länder mit den zufriedensten Einwohnern ermitteln - sind jedoch immer wieder auch Schwellen- oder gar Entwicklungsländer an der Spitze. Daraus ist zu schließen: Geld ist also nicht zwangsläufig ein Glücksmacher.

Unsere bisherigen vollautomatisierten Belohnungssysteme kennen nur eine Richtung und zwar die hin zur Steigerung, da dasselbe Zuckerl auf Dauer langweilig wird und als Selbstverständlichkeit angesehen wird. Die ausufernde Steigerung ins Utopische bereitet schon jetzt manchem Unternehmen, das in diese Abhängigkeitsspirale gerutscht ist Probleme, da es keine langfristige Wirkung, gar keine Wirkung oder eine gegenteilige Wirkung auf die Motivation hat.

Ein Dilemma bei zu viel an Beigaben kommt so zustande: Bekommt eine Seele zu viel Geschenke, dann kann sie ihr Gleichgewicht nicht mehr halten und wird immer ärgerlicher je größer der Happen ist. Jede daraus resultierende negative Gefühlsäußerung nährt die Demotivation und erschafft ein Armutsbewusstsein. Je mehr sie jetzt als Bonus erhält, desto wertloser fühlt sie sich. Zu viel und zu oft eine Belohnung in Geld oder Sachleistung führt zu Abstumpfung und damit werden unmündige Abhängige kreiert bzw. Menschen, die immer unzufriedener statt zufriedener werden. Deshalb darauf achten: Weniger kann auch mehr sein!

Du selbst darfst die Veränderung sein,
die du in dieser Welt sehen willst."
Mahatma Gandhi

TEIL 2

Goldene Regel der Motivation

Kapitel 2:

Die goldene Regel

Was würden wir nicht alles darum geben eine Strategie zu bekommen um endlich motivierter und mit mehr Freude Dinge erledigen zu können, die wir sowieso noch nie mochten? Vermutlich viel. Deswegen gibt es sie auch nicht, weil es - wenn wir ehrlich zu uns sind - auch gar nicht möglich ist unliebsame Dinge mit Freude zu erledigen. Was es allerdings gibt ist ein goldener Weg dorthin, der uns auffordert uns selbst besser kennen zu lernen und zwei (bei Führungsverantwortung: drei) ursächliche Komponenten der Motivation verstehen zu lernen, die wie Pech und Schwefel zusammenhängen.

Bei den zwei bzw. drei Komponenten handelt es sich um Bereiche, die wir uns in gewissem Sinne erarbeiten oder in uns ausgraben müssen um erfolgreich zu sein. Das bedeutet, dass wir Blitzlösungen schon mal vergessen können, wenn wir etwas Dauerhaftes in der Motivation haben wollen, dass uns zudem auch noch innerlich befreien soll.

Damit beginnt dann auch schon das Abenteuer, denn viele von uns kennen andere bzw. anderes um einiges besser als sich und seine eigenen Bedürfnisse. Dabei gibt es analog der Tabelle auf S. 20-21 zwei unterschiedliche Ausprägung von Menschen: Die eine Sorte (die Heißblüter) ist in sich zusammengeschrumpft und lässt jeden x-beliebigen Zweibeiner an sich herum feilen als seien sie ein unfertiges Möbelstück. Dass daraus nur Gemurkse entstehen kann versteht sich wohl von selbst und die Opfer von gestern erkennen die enge Hundehalskette immer schneller und streifen sie folglich einfach ab. Dabei ist stets zu bedenken, dass wir selbst mitverantwortlich sind und sollten daher aufhören vorschnell jeder Bezugsperson (Familie, Vorgesetzten etc.) die Schuld zuzuweisen und utopische Forderungen zu stellen.

Die andere Sorte (die Kaltblüter) ist so weit abgehoben, dass man ein Teleskop braucht um ihren überdimensional großen Selbstwert (ist das Bild, das wir von uns haben), der große Abweichungen zum Fremdwert aufweist (ist das Bild, das Andere von uns haben), erkennen kann. Für diese Sorte ist Zurückrudern zur Realität die künftige Hauptaufgabe, da ihnen etwas die Bodenhaftung fehlt. Deshalb kommen wir jetzt zur Auflösung:

Der goldene Weg heißt

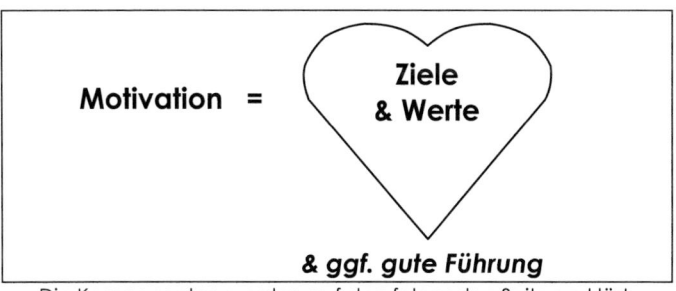

Die Komponenten werden auf den folgenden Seiten erklärt.

Kapitel 3:

Ziele

Motivation bedarf einer eigenen, unabhängigen und klaren Zieldefinition. Wenn wir nicht wissen, wo wir hinwollen, werden wir staunen bzw. enttäuscht sein, wo wir ankommen. Daher hängt von der Zielfestsetzung - die persönlichen Charakter hat - das weitere Engagement ab, das wir investieren wollen.

Ziele als innere Antreiber

Das Geheimnis des Erfolgs hat zwei Verbündetet:

Treue
Bleibe dir und deinen Zielen treu, lasse dich durch nichts und niemanden davon abbringen, vertraue und sei konsequent. Als Handlanger dient die Geduld, die bei allen von uns ausbaufähig ist. Dabei gilt zu bedenken, dass sich Heißblüter gerne dreinreden und alles madig machen lassen, Kaltblüter dagegen konsequenter sind - leider auch dann, wenn ein Ziel für sie unerreichbar ist und sie umdenken sollten.

Hinweis: Hätten sich Erfinder von ihren Ideen abbringen lassen, dann würden wir immer noch mit einem PS herum reiten und hätten dabei lediglich einen Aktionsradius von ca. 100 km (da es keine Autos gäbe) oder müssten per Tretboot nach Amerika reisen (da es keine Flugzeuge gäbe)&&&.

2 Eigenständigkeit

Ein selbst geformtes Ziel ist am werthaltigsten, d.h. du musst es schon selbst wollen und zwar von deiner Seele heraus. Formt dein Ego den Wunsch, dann teilt es das gleiche Schicksal wie die überstülpten Ziele (= Ziele von Anderen: Familie, Freunde, Vorgesetzte etc.). Überstülpte Ziele haben auf ihrem Weg innere Hindernisse, so dass der Aufwand überdimensional hoch ist um sie zu erreichen (Zeit, Geld, Nerven) und sie zudem nicht einmal langfristig Zufriedenheit bringen, da es ja nicht die eigenen von der Seele geformten Ziele sind. Zu bedenken gilt dabei, dass Kaltblüter zu Überschätzung neigen und Heißblüter zum Gegenteil.

Hinweis: Wenn das innere Feuer nicht brennt, dann Ziel sein lassen, denn dann fehlt etwas Grundsätzliches. Niemand sollte es wert sein, dass wir für ihn unsere Gesundheit ruinieren, das jedoch zwangsläufig geschieht, wenn wir uns dauerhaft verbiegen. Daher stets die Frage stellen: Will ich das wirklich?

Voraussetzungen für ein Ziel

Zur Überprüfung der Werthaltigkeit von Zielen eignet sich ein SMART-Schema am besten. Ein Ziel ist dann smart, wenn es die in nachfolgender Tabelle aufgeführten fünf Kriterien aufweist. Liegt deren Erfüllung nicht vor, dann ist es bestenfalls nachzubessern und schlimmstenfalls zu verwerfen.

		Ein Ziel muss …
S	spezifisch	☒ positiv, genau und eindeutig formuliert sein. ☒ ohne Bewertung und ohne Vergleich sein. *Tipp:* *Wenn du einen Zettel brauchst um dir das Ziel zu merken, dann ist es zu schwierig!*
M	messbar	☒ leicht von dir zu kontrollieren sein. ☒ einfach und über-sichtlich sein. *Tipp:* *Große Ziele in Teilschrit-te unterteilen, Bsp.:* *kurz-, mittel-, langfristig.*
A	attraktiv	☒ wahrnehmbar sein (sehen, hören, fühlen, riechen). *Tipp:* *Je attraktiver ein Ziel, desto emotional leichter wird die Ansteuerung empfunden.*
R	realistisch	☒ erreichbar sein und in der eigenen Macht stehen. ☒ die Konsequenzen abgeklärt haben. *Tipp:* *Etwaige Abhängigkeiten im Vorfeld beseitigen.*
T	terminiert	☒ einen Erfüllungszeit-punkt haben.

In 6 Schritten zur erfolgreichen Zielerreichung

Die Umsetzung in die Praxis geht erheblich leichter, wenn wir einen roten Faden haben um die wichtigsten Stationen gebührend zu würdigen:

1 Ziel-Formulierung
2 Ziel-Vorstellung (Wahrnehmung)
3 Kontext festlegen
4 Konsequenzen eruieren
5 Überprüfungskriterium
6 Realisierbarkeit

Auf Visitenkarte schreiben & wir haben sie immer dabei!

Vorgehensweise
Arbeite die Schritte sorgfältig und ehrlich, am besten schriftlich ab, damit du Zusammenhänge oder Offenes besser erkennen kannst und gleich einen Fahrplan zur Umsetzung hast.

1 Ziel-Formulierung
➢ Positiv und wohlgeformt.
➢ Wo willst du genau hin?
➢ Wann willst du dort sein?

Tipp:
Anstelle von Vergleich oder Negierung: „Was willst du stattdessen?"

2 Ziel-Vorstellung (Wahrnehmung)
➢ Was siehst du?
➢ Was hörst du?
➢ Was fühlst du?
➢ Was riechst oder schmeckst du?

Tipp:
Lasse das Ziel in deinem Kopf lebendig werden!

3 Kontext festlegen

➢ In welchem Kontext soll es geschehen?

➢ Wo, wann, mit wem und wie oft   (in welcher Umgebung, an welchem Zeitpunkt, beteiligte Personen und Häufigkeit)?

➢ Kannst du das alleine oder brauchst du jemanden dazu (=Abhängigkeit)?

Tipp:
Das Ausschlussprinzip verkürzt ggf. die Entscheidungsfindung: Wo, wann, mit wem <u>nicht</u>?

4 Konsequenzen eruieren

➢ Willst du das Ziel überhaupt oder gibt es Momente, an denen du es besser nicht erreichen möchtest?

➢ Was ändert sich für dich und für andere und übernimmst du dafür die Verantwortung?

➢ Musst du dafür auf etwas verzichten?

➢ Besteht für einen der Beteiligten ein Risiko?

Tipp:
Ein werthaltiges Ziel hängt von den Vorteilen des Alten ab (=das, was du aufgibst). Daher: Das Neue (= das, was du anstrebst) sollte den Nutzen des Alten beinhalten und zugleich etwaige Nachteile des Neuen minimieren.

➢ Wenn es einen <u>Rückschlag</u> gibt, dann wurden die Konsequenzen zu wenig beachtet.

5 Überprüfungskriterium

Wie wirst du erkennen, dass du an deinem Ziel angekommen bist?

6 Realisierbarkeit

- ➢ Ist deine Idee umsetzbar und erfolgversprechend?
- ➢ Was für Fähigkeiten brauchst du dafür?
- ➢ Ist der Einsatz mit dem Gewinn vereinbar?
- ➢ Was könnte dein erster Schritt sein?
- ➢ Hindert dich etwas oder könntest du gleich loslegen?
- ➢ Gehe in die Aktion und wechsle vom Kopfkino in die aktive Umsetzungsphase.

Turbo zur schnelleren Zielerreichung

Menschen, die ihre Ziele gut kennen schubsen sich anstelle der ausführlichen 6 Schritte gerne mit diesem Turbo an:

1 Ziel konkret planen
2 Werte überprüfen
3 Selbstwert anheizen
4 Einfach beginnen
5 Vorhaben outen
6 Unterstützen lassen
7 Gas geben

1 Ziele konkret planen

- ➢ Was?
- ➢ Wie (Art, Teilschritte)?
- ➢ Wann (Zeitrahmen)?

2 Werte überprüfen
- ➢ Was habe ich davon?
- ➢ Sind meine Werte erfüllt?

3 Selbstwert anheizen
- ➢ Sich selbst gut zureden und Mut machen!
- ➢ „Ich schaffe das" – Affirmation nutzen!
- ➢ Zielerreichung intensiv vorstellen!
- ➢ Ängste abbauen!

4 Einfach beginnen
Motivation kommt durch aktives Tun in Fahrt.

5 Vorhaben outen
Erzähle anderen was du vorhast.

6 Unterstützen lassen
- ➢ Suche Mitstreiter.
- ➢ Suche Vorbilder.

7 Gas geben
- ➢ Mache dir Druck mit Zeitvorgaben.
- ➢ Schließe Wetten auf das Gelingen ab.

Eigene Ziele erkennen

Menschen wissen intuitiv in der Regel erstaunlich genau was sie wollen und was nicht. Wurden sie jedoch bisher entmündigt und ihrer Chancen beraubt eigenständig etwas zu entscheiden, dann landeten kurzerhand ihre eigenen Wünsche in der Verdrängungsfalle, so dass wir uns in diesem Fall ganz bewusst freie Gedanken erlauben und den

Mundknebel entfernen sollten. Wenn du nicht weißt wo du hinwillst, dann stehen dir allerdings auch alle Wege offen. Bist du aber trotzdem neugierig, dann sind diese Methoden hilfreich:

<u>Ziele und somit Orientierung finden</u>

 Mit Träumerphase
Schließe einen Vertrag mit dir selbst über eine bestimmte Zeit ab (z.B. eine Woche) und tue das: Erlaube dir zu träumen über das, was du schon immer machen wolltest, über deine Kinderträume, über das was dir Freude macht, über das was dir bei anderen besonders gut gefällt was sie erreicht haben &&&.
<u>Berücksichtige dabei folgende Regeln:</u>
1) Du hast bereits alles was du zur Realisierung brauchst.
2) Du kannst dich frei entscheiden.
3) Es gibt keine Bedingungen zu erfüllen.
4) Du sollst während der Laufzeit nur träumen! Alle Floskeln wie „ich könnte, wenn ich…" „ich würde, aber…" weglassen.
<u>Hinweise:</u> Keine Angst, die Floskeln laufen schon nicht weg: Nach der Woche sind sie wieder da, wenn du sie dann noch haben möchtest. Konsequent bleiben und negatives Gedankengut verbannen!

 Mit dem Ausschlussprinzip
Und das geht so:
1) Bestimme den Bereich (Job, Freizeit etc.), in dem du gerne eine Veränderung hättest.

2) Spezifiziere diesen Bereich, d.h. gehe mit einer Lupe darauf und somit in eine tiefere Ebene (z.B. beim Job: Ort als Merkmal, Freizeit: Bewegung als Merkmal).

3) Wende das Ausschlussprinzip an und frage dich: „Was will ich nicht?" und warte was sofort da sein wird: Beim Job die Orte, die für dich nicht in Frage kommen und bei deiner Freizeit die Art der Bewegung, die du nicht magst. Damit hast du eine Vorsortierung vorgenommen und der Blick auf das was du wirklich willst wird damit klarer.

Mit Endszenario

> **3**

Das ist so möglich:

1) Verfasse ein (platonisches) Testament, indem du stattgefundene und erträumte Ereignisse aufzählst und deine persönlichen Kommentare und Bewertungen dazu schreibst (z.B. hat mir gut gefallen, habe ich vermisst). Lese das Testament nach ein paar Tagen nochmals durch um daraus zu erkennen, was in dir noch Raum braucht und gelebt werden möchte.

2) Stell dir vor morgen geht die Welt unter oder du bzw. dein Partner (wenn du für dich nicht wichtig bist) stirbt: Was würdest du vermissen nie (mit ihm) gemacht und realisiert zu haben. Was würdest du bedauern dauernd aufgeschoben zu haben &&&?

Wunsch-Zielliste erstellen

Erstelle eine Liste mit den Bereichen, in denen du eine Veränderung haben möchtest (Job, Familie, Freunde etc.) und beantworte folgende zwei Fragen. Nutze anschließend die 6 Schritte um die Ziele nach und nach abzuarbeiten bzw. zu realisieren:

1   Wo stehe ich gerade (=aktueller Stand)?
2   Wo will ich hin und ggf. bis wann (=angestrebtes Ziel)?

Hinweise: Bedenke dabei, dass es Einflüsse hinsichtlich des Alters gibt: Je älter wir sind, desto kürzer ist die Zielstrecke, d.h. im Umkehrschluss: Je jünger wir sind, desto langfristigere Ziele steuern wir an. Bsp.: Eine Ausbildung von 2 Jahren ist für einen jungen Menschen eine leichtere Entscheidung wie für einen Älteren. Allerdings ist es auch so, dass beim Thema Konsequenzen generell alle gleich ticken: Liegen sie weit in der Zukunft z.B. Gesundheitsschäden bzgl. Süchten, dann werden sie zu wenig ernst genommen. Mit der Wunschliste großzügig sein: Jede Reise/Aktion beginnt mit dem ersten Schritt!

Kapitel 4:

Werte

Werte sagen aus, was uns wichtig ist und was uns motiviert. Für sie setzen wir Energie und Zeit ein und ärgern uns, wenn sie nicht eingehalten werden. Von uns tatsächlich gewollte und gelebte Werte sind der Schlüssel für die Zukunft, die sich in einem massiven Werte-Wandel zeigen wird, der schon begonnen hat.

Ein Blick in unser Umfeld reicht aus und wir können fast überall erkennen, dass die bisherigen Strukturen der Machterhaltung nach etwas Reibung reihenweise wie Kartenhäuser zusammenfallen. Auslöser hierzu ist die Sprengung sämtlicher Grenzen - ausgelöst durch verblendetes Verhalten - da sämtliche Bögen maßlos überdehnt wurden. Um wieder zurück ins Lot zu kommen wird global das Werte-Trio **Wahrheit, Gerechtigkeit und Freiheit** massiv Einzug halten bzw. haben schon begonnen sich zu aktivieren oder mit anderen Worten: **Mutter Erde konnte schon immer ohne die noch junge Spezies Mensch existieren.** Wir jedoch nicht ohne sie. Trotzdem haben wir uns selbst inthronisiert und fühlen uns erhaben über alles, was wir geschenkt bekommen haben und machen es kaputt: Umwelt, Tierwelt, andere Menschen und unseren eigenen Körper. Unser Handeln bleibt daher nicht ohne Folgen, sondern wird ausgiebig belohnt, so dass wir uns augenblicklich in der End- und somit Hauptphase einer Jahre andauernden Reinigungs- und Harmonisierungsphase befinden, die glücklicherweise nach etwas Verwirrung eine notwendige große Befreiungswelle und Bewusstseinsveränderung anstößt, deren Aktionen wir in der Außenwelt bereits erkennen können. Damit übernehmen wir dann wieder Verantwortung für unser Handeln.

Veränderungsprozedere

Global: Bisher findet Veränderung als Reaktion auf ein Ereignis statt, d.h. es muss erst was passieren bis wir in die Gänge kommen und bis dahin halten wir lieber am vertrauten Elend fest. Der Trend geht hin zu intelligenten Veränderungen, d.h. es muss keine Katastrophe mehr eintreten und wir wechseln ins agieren.

Business: Bisher gilt: Je größer ein Unternehmen, desto größer der Angsthase was grundlegende Veränderungen betrifft, d.h. der Mundgymnastik folgt keine praktische Umsetzung, was doppelt ungünstig ist: Es demotiviert Mitarbeiter und stempelt die Führung als bisslos ab. Wenn aber bereits die Führung Angst hat, dann überträgt sich das auch auf die Mitarbeiter, denn Angst entsteht durch stattgefundene Erlebnisse oder durch das Vorleben von anderen wie in diesem Fall. Nachdem dieses Vorgehen nun überreizt ist, dreht sich der Spieß um und es kommt „Veränderung von unten", d.h. Mitarbeiter fordern Mitsprache und Eingebundenheit, womit sich auch die praktizierte Erbsenpolitik in ganzheitliche Betrachtung wandelt.

Ausgangs-Thesen

➢ Werte sind individuell und kleben am Gefühl.
➢ Werte sind wichtig und zuständig für unsere Zufriedenheit.
➢ Werte sind das Werkzeug zum Bewerten und sagen daher aus, was für uns Sinn macht.
➢ Werte neigen zu großer Kontextabhängigkeit, d.h. sie sind von einem Zusammenhang abhängig (global, individuell nach Familie, Job etc.).
➢ Werte sind primär, d.h. sie lassen sich auf Dauer nicht wegschieben/-therapieren u.ä.
➢ Werte können sich bei größeren Veränderungen gezwungenermaßen anpassen. Bsp. bei Heirat, Tod des Partners etc.
➢ Werte tragen eine weiße Weste, d.h. du nimmst automatisch nur diejenigen wahr, die du auch selbst hast.

Werte und Gefühle

… leben in enger Verbundenheit miteinander, daher gilt: Wollen wir Werte besser wahrnehmen, dann müssen wir die entsprechenden Gefühle dazu empfinden können. Dies geschieht dadurch, indem wir sie zulassen und nicht in ein Korsett stecken. Hilfreich ist dabei die Aufmerksamkeit bei sich selbst zu lassen und nicht aus sicher herauszufallen. Beschenkt werden wir dann mit einer Präsenz, die auch Andere an uns wahrnehmen können, indem Unaufmerksamkeit und Zerstreutheit keinen Platz in der ersten Reihe mehr hat oder indem wir aus der Emotionslosigkeit herausfallen.

Werte und Motivation

Sich selbst motivieren

Willst du dich zu etwas motivieren, dann muss das zu erreichende Ziel den Wert für dich haben, der dir wichtig ist. Ist dir bei deinem Beruf z.B. Bewegung wichtig, dann ist ein Bürojob mit sitzender Tätigkeit die falsche Wahl. Besser wäre, du suchst dir etwas Passenderes, dann kommt auch die Zufriedenheit vorbei. Wenn dir zudem das angestrebte Ziel nichts wert ist, dann hast du nichts davon und wenn du nichts davon hast, dann wirst du dich auch nicht dafür motivieren können.

Ernüchternd kommt hinzu, dass wir alles als teuer empfinden (gemessen in Zeit und Geld), dass uns nichts wert ist und damit zusätzlich ein Hindernis darstellt. Als Fixpunkt gilt: Du musst wissen welch ein Menschentyp du bist (Heißblüter oder Kaltblüter), denn nur so weißt du, ob du Druck brauchst um dich zu bewegen oder Belohnung den Motor darstellt, der dich antreibt. Zusätzlich sind auch die Ausführungen im nächsten Abschnitt mit zu berücksichtigen.

Andere motivieren

Spannend wird es andere zu motivieren, da gleich mehrere empfindsame Komponenten zu berücksichtigen sind und das auch noch in der richtigen Dosis. Wollen wir andere motivieren und haben die zwei Menschentypen im Kopf, dann gilt für jede Motivationsmethode (siehe Tabelle nächste Seite):

	Kaltblüter	**Heißblüter**
reagieren auf	Belohnung	Druck
Besonderheit bei Belohnung	Belohnung sensibel und ausgewogen (auch in Werten) einsetzen.	Keine Wirkung.
Besonderheit bei Druck	Keine Wirkung.	Machen sich auch selbst Druck, d.h. besser weniger Druck machen, sonst wirkt es demotivierend, besonders wenn er vom Vorgesetzten oder Partner kommt.

Das Kunststück eines Motivators liegt darin, beide Typen anzusprechen, also **gleichzeitig Druck und Belohnung einzusetzen**, damit sich alle angesprochen fühlen, da Gruppen immer gemischt sind. In der Praxis werden jedoch die Fehler gemacht, dass unüberlegt Belohnung verteilt, permanent Druck gemacht oder nur Druck bzw. nur Belohnung eingesetzt wird - das daraus keine Motivation für alle entstehen kann dürfte nun verständlich sein. Zudem ist der Grundsatz der Gerechtigkeit anzuwenden und jedem die gleiche Art der Behandlung zuteilwerden zu lassen, andernfalls fragt der Heißblüter wieso er keine Belohnung bekommt (da diese bei ihm ja nicht motivierend wirkt, aber trotzdem gerecht sein soll).

Druck machen wir durch Zeitvorgaben unter Berücksichtigung einer realistischen Machbarkeit. Es wirkt demotivierend, wenn wir keine Chance bekommen, jemals das Ziel erreichen zu können. Wichtig ist dabei, den Druck auch wieder zurückzunehmen, denn permanenter Druck ist wirkungslos, demotiviert zusätzlich und fördert eine hohe Fluktuation, da Mitarbeiter dann schneller das Handtuch werfen oder fehleranfälliger werden, wenn sie dauernd ein Messer im Rücken spüren.

Belohnung geschieht im sorgfältigen Abwägen zwischen einer maßvollen Geldzuwendung, einer Sachleistung und der Erfüllung der Werte derjenigen, die motiviert werden sollen. Am erfüllendsten ist eine Belohnung, wenn die Werte des Beschenkten erfüllt werden. Voraussetzung dazu ist das Vorliegen einer gerechten Entlohnung, also weder zu wenig, noch zu viel. Wird zu wenig bezahlt, dann ist es nicht motivierend, sondern nur gerecht. Wird zu viel bezahlt, dann neigt es zur Demotivation, siehe Kapitel 1 Hindernisse, Abschnitt „Wenn Belohnung zu Belastung wird".

Um die Werte der Anderen zu erfüllen müssen wir sie kennen. Kennen wir sie nicht, dann ist das neue Werte-Trio Wahrheit, Gerechtigkeit und Freiheit zu gewähren, was eine Mammutaufgabe für jeden darstellt. Die Krux liegt nun darin, ein Verständnis für Werte aufzubringen, damit wir sie anderen auch erfüllen können, denn das was wir nicht verstehen leiten wir auch nicht an. Verständnis aufzubringen geschieht bei einem Motivator der

Kaltblüter ist über den Kopf (d.h. er muss es verstehen) und bei Heißblütern über das Gefühl (d.h. er muss es nachfühlen können).

Werte sind von großer Bedeutung für die Motivation, da sie einer Sache, einem Projekt, einer Tätigkeit etc. **Sinn geben.** Erfüllt die Aufgabe die wir erledigen sollen nicht unsere Werte, dann gibt sie für uns keinen Sinn. Gibt etwas für uns keinen Sinn, dann fehlt uns der Antrieb und wir sind nicht motiviert. Ein Motivator sollte deshalb seinen Focus über die einzelne Tätigkeit hinaus ausrichten und die Aufgabe für die er Andere motivieren soll aus übergeordneter Perspektive betrachten. Irgendwo befindet sich dann oftmals ein Wert, der Andere begeistert. Voraussetzung ist, dass der Motivator das Gesamtprojekt und nicht nur einen Ausschnitt davon kennt und damit anleiten kann, dass jeder ein Teil des Ganzen ist. Beispiel: Dein Projekt ist die Konstruktion eines Segelfliegers und du sollst deine Mitarbeiter durch Erfüllung ihrer Werte motivieren:

Mit- arbeiter	Wert der Person	Motivation durch
A	Freiheit	Stell dir vor, wie der Segelflieger lautlos und frei über die Alpen fliegt. Ist das nicht toll?
B	Sicherheit	Du kannst die Technik mit dem aktuellsten Sicherheitsstandards auswählen zum Einbauen.
C	Kreativität	Bei der Gestaltung des Gehäuses kannst du voll deine Kreativität ausleben.

Einem Unternehmen bleiben viele Möglichkeiten bei der Umsetzung und Erfüllung des neuen Werte-Trios, dass stets mit **Innovation im eigenen Unternehmensbereich** erfüllt werden soll. D.h. zum Beispiel bei Produkten: umweltfreundlicher (Strom- und Wasserverbrauch senken, langlebiger, ressourcenschonender, geruchs-/ lärm- und strahlungsarmer), menschenfreundlicher (faire Löhne im Inland, aber besonders bei ausländischer Produktion, dort zusätzlich gesundheitsfreundlicher) und ganz neue Wege gehen.

Ein Gedankenanstoß für Unternehmen, die in der Abhängigkeitsspirale der exzessiven Belohnung hängen: Eigene Firmen-Philosophie überdenken, sich neu definieren, ggf. Kostenbeteiligung überdenken (denn was nichts kostet ist nichts wert) und **Sozialprojekt in neuer Dimension erschaffen**. Letzteres ermöglicht Mitarbeitern die ihre Werte sozialisiert haben Erfüllung bei ihrem Arbeitgeber zu finden, auch wenn an der eigentlichen Arbeit ihre Werte nicht erfüllt werden. Belohnungen in Form von Sexeln sind zu überdenken: Die Sexualkraft ist die stärkste Kraft die wir haben. Verletzungen daraus heilen daher auch am schlechtesten ab. Auf einen Heißblüter mit hohen ethischen und moralischen Werten wirkt die Gruppenenergie von Gurkenslalom wie Missbrauch. Kommt dann auch noch die neue Art der Entwicklungshilfe hinzu (Erpressung mit Fotos im Ausland), dann ist Mann gänzlich verwirrt, wenn damit erst richtig Kapital verbrannt wird. Oder: Die Wahrheit sucht sich ihren Weg und wenn es über die liquiden Mitteln geht.

Unterschiedliches Werteverständnis

Bei der Überprüfung welche Werte andere haben ist zu bedenken, dass Wert nicht gleich Wert ist. Werte sind vom Werteverständnis des Anderen abhängig. Deshalb einfach fragen: Was bedeutet x für dich? Beispiele:

Sicherheit: Du bittest deinem Freund - der gerade zu Besuch ist - er solle nachts die Haustüre fest abschließen, weil du noch zur Nachtschicht gehst. Jetzt kann es sein, dass du nicht in die Wohnung hinein kannst wenn du nachts zurückkommst, da dein Freund nicht nur das normale Türschloss, sondern auch den Sicherheitsriegel zuschloss (und der ist nicht von außen zu öffnen), da dies für ihn Sicherheit bedeutet. Für dich dagegen hätte es das Türschloss alleine auch getan, denn das bedeutet für dich Sicherheit.

Ordnung: Du bittest deine Kollegen den Aufenthaltsraum aufzuräumen und bist dann erstaunt, dass sie dabei gleich die Tischdekoration mit wegräumen (da dies für sie Ordnung bedeutet), die du aber eigens für die anschließend stattfindende Besprechung besorgt hattest.

Werte und Konflikte

Für die Einhaltung deiner Werte bist du selbst zuständig. Dies setzt natürlich voraus, dass du sie kennst, was die meisten auch tun, ggf. ganz unbewusst. Werden deine Werte und Grenzen durch andere verletzt, dann entsteht Wut und Ärger. An-gesammelte Wut führt zu Zorn und dann ist es meist ganz aus mit Verstandestätigkeit und das Gewitter ist nicht mehr aufzuhalten bzw. wird zum Magen-problem, wenn du es dauernd hinunterschluckst. Um es erst gar nicht so weit kommen zu lassen, sind deine Werte zu verteidigen und zwar von dir selbst. Fühlst du oft Wut, Ärger oder Zorn, dann hast du dir zu viel gefallen lassen, hast keine Grenzen gesetzt und deine Werte nicht verteidigt.

Konflikte entstehen meist durch Nichtberücksich-tigung von Werten, daher ist es nicht nur wichtig, dass du deine Werte kennst, sondern auch die an-derer Personen, mit denen du zu tun hast. Du er-fährst die Werte anderer Menschen, indem du ih-nen aufmerksam zuhörst.

Propagierte Werte

… sind Werte, die wir vorgeben zu haben, aber in Wirklichkeit haben wir sie nicht. Wenn wir die Auf-fassung haben nicht gut genug zu sein und uns mit fremden Federn als Schutz schmücken zu müssen, dann sollten wir uns Hilfe suchen, denn oftmals ist nicht fehlende Kompetenz Auslöser dieses Ver-steckspiels, sondern mangelndes Selbstbewusstsein oder die alte Masche der Ausspielung von Macht als Ursache.

Unternehmen sind dagegen manchmal wie ein Chamäleon: Sie folgen irgendwelchen Marketing-experten die ihnen verraten, dass ein bestimmter

Wert gerade „in" ist und verändern dann kurzerhand die Unternehmensphilosophie oder den Werbeslogan, der dann durchaus auch ganz und gar nicht stimmig ist.

Propagierte Werte mutierten zu einer Art Massensport, was wiederum zu etlichen Gräben mit den gelebten Werten auf der anderen Seite des Ufers geführt hat. Dieses Spiel wird immer mehr enttarnt, da Menschen zunehmend sensibler werden und erkennen was wahr ist und was nicht. Sie können Fehler und Irrtümer verzeihen, Lügen jedoch nie: Diese bleiben unvergesslich und führt zu Unglaubwürdigkeit der entsprechenden Personen.

Werte–beispielhafte Aufzählung

Abgrenzung, Abwechslung, Aktivität, Akzeptanz, Anerkennung, Annehmen, Aufgeschlossenheit, Ausdauer, Ausgewogenheit, Authentizität, Begeisterung, Beständigkeit, Beweglichkeit, Beziehung, Charme, Dankbarkeit, Disziplin, Durchsetzungskraft, Ehrgeiz, Ehrlichkeit, Einfallsreichtum, Einfühlungsvermögen, Emotionalität, Engagiertheit, Entdeckerfreude, Entspannung, Erfolg, Ethik, Exotik, Fleiß, Flexibilität, Freiheit, Freiraum, Freundlichkeit, Freude, Frieden, Gastfreundschaft, Gelassenheit, Genuss, Geradlinigkeit, Gesundheit, Glück, Harmonie, Heimatverbundenheit, Herausforderung, Hilfsbereitschaft, Hingabe, Hoffnung, Humor, Individualität, Intelligenz, Kampfgeist, Kompetenz, Kraft, Kreativität, Leichtigkeit, Liebe, Lust, Loyalität, Macht, Männlichkeit, Menschlichkeit, Mitgefühl, Moral,

Mut, Natürlichkeit, Neugier, Neutralität, Offenheit, Ordnung, Originalität, Perfektionismus, Pflichtgefühl, Pioniergeist, Respekt, Risikobereitschaft, Ruhe, Sauberkeit, Schönheit, Selbstentwicklung, Selbstliebe, Selbstwert, Sexualität, Sicherheit, Sinnlichkeit, Sparsamkeit, Spaß, Spiritualität, Sozialität, soziales Engagement, Spontanität, Stabilität, Stärke, Status, Toleranz, Treue, Überzeugungskraft, Umweltschutz, Unabhängigkeit, Unantastbarkeit, Urteilsfähigkeit, Verantwortung, Vergebung, Vergnügen, Vernunft, Vertrauen, Wahrheit, Weiblichkeit, Weitblick, Wertfreiheit, Wertschätzung, Wissen, Zärtlichkeit, Zielstrebigkeit, Zufriedenheit, Zugehörigkeit &&&

Wertehierarchie erstellen

… ist ein ganz besonderer Gewinn für uns, denn sie sagt aus in welcher Reihenfolge unsere Werte am wichtigsten für uns sind. Dabei kommt am Ende oftmals etwas ganz anderes heraus als das, was sich unser Kopf zuvor zurecht gefaltet hat.

1 Gefühle zulassen
2 Thema bzw. Kontext festlegen
3 Werte finden (Paare gleich zusammensetzen)
4 Wertehierarchie bilden

Du brauchst dazu einen Stift und ca. 10 kleine Zettel.

1 Gefühle zulassen
- ➤ Erlaube dir gezielt Gefühle wahrzunehmen.
- ➤ Fühle dich frei und unabhängig.

2 Thema bzw. Kontext festlegen

Bestimme ein Thema/Bereich (Familie, Freunde, Freizeit, Job etc.).

3 Werte finden (Paare gleich zusammensetzen)

Lese die Werteliste oben durch und schreibe intuitiv (also ohne groß nachzudenken) je einen Wert auf die Zettel, der dir wichtig ist. Entdeckst du dabei Werte, die für dich Partnerwerte darstellen (=einer kann nicht ohne den Anderen sein), dann beide zusammen auf eine Karte schreiben, da sie für dich zusammen gehören.

Tipps: Werte sind in der Regel themenabhängig, d.h. bei der Wertesuche das Thema mit berücksichtigen. Kommst du ins stocken, dann kannst du dich fragen: Was wäre bei meinem Thema besonders toll/schlimm, dann fallen dir sicher Werte ein.

4 Wertehierarchie bilden

Ziel: Die Zettel werden vor dir liegend durch paarweises befragen in eine Reihenfolge gebracht. Der Anfang der Reihenfolge ist oben (= ganz wichtig). Das Ende ist unten (= weniger wichtig).

Nimm 2 Zettel vom Stapel, lege sie nebeneinander und frage: „Geht A ohne B" oder „Du hast A, aber nicht B – geht das?"

➢ Wenn ja, dann ist A wichtiger als B und wandert nach oben.

➢ Wenn nein, dann ist B wichtiger und B wandert nach oben.

oben

unten

Nimm eine dritte Karte und frage die schon daliegende Karte(n) dieselbe Frage. So fährst du fort, bis du alle Karten vom Stapel abgearbeitet hast. Liegt schon eine kleine Reihenfolge vor dir, dann beginne die neue Karte vom Stapel mit einer Karte aus der Mitte zu befragen (s.u.) und frage so lange in den verschiedenen 2er-Kombinationen, bis sie ihren Platz gefunden hat. Kann ja sein, dass du in der Mitte beginnst und dann stellt sich heraus, dass der Wert auf dem neuen Zettel vom Stapel so wichtig ist, dass er es bis ganz nach oben schafft.

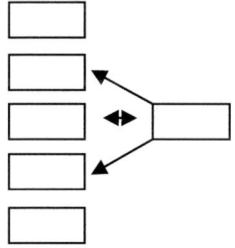

Tipp: Findest du keine Antwort auf deine Frage, dann bringe die zeitliche Komponente mit hinein: „Würdest du die Aufgabe machen, wenn du dafür 3 Monate Anerkennung (=dein Wert) bekommen würdest?

Wertepuffer

… ist eine Werteverschiebung in einen anderen Kontext um ein bestimmtes eigenes Ziel zu erreichen oder Dinge zu machen, die uns nicht liegen. Nachfolgende Optionen stehen dabei zur Auswahl. Auf Dauer funktionieren sie jedoch nicht ohne dass etwas in uns abstirbt.

1 Ausweichen auf einen anderen Kontext
Wenn Freiheit nicht im Beruf möglich ist, dann auf privater Ebene Ausgleich suchen. Ist der Anteil den wir als Ausgleich brauchen überdimensional hoch, dann klappt das nicht.

2 Bewertung sein lassen
Alle Aufgaben sind wichtig und alle Jobs wertvoll etc. Wenn wir aufhören mit der Bewertung, dann können manche Tätigkeiten erledigt werden ohne dass wir uns zu sehr an ihnen reiben.

3 Perspektive ändern
Ist unser Wert nach unserem Verständnis nicht erfüllt und wir müssen aus irgendeinem Grund die Aufgabe trotzdem machen, dann Perspektive wechseln in die Sicht von Menschen, die diese Aufgabe toll finden.

4 Zeitlicher Aspekt
Es kann leichter fallen eine Aufgabe zu erfüllen, wenn wir wissen wir machen sie nur für eine kurze und absehbare Zeit.

Wir können die Notwendigkeit an der Aufgabe erkennen oder: Wenn wir alle nur Rosinen vom Kuchen picken wollen, dann brauchen wir uns nicht wundern, wenn wir alle an Durchfall leiden.

Kapitel 5:

Gute Führung

Im Bereich der Führung köchelt es ganz ordentlich, da durch Wertewandel manche besetzen Plätze zu Schleudersitzen wurden und werden. Gute Führung bedingt das harmonische Zusammenspiel zwischen Vertrauen (ist an Wahrheit gebunden), Wertschätzung und Hingabe an sich, andere und an die Sache. Dies gilt als Voraussetzung dafür, damit weitere Werte überhaupt erst zur Geltung kommen können. Gute Führung ist immer dann erforderlich, wenn andere Personen mit involviert sind.

Istzustand

Leider gibt es nicht selten eine unüberlegte ad-hoc-Entscheidung für eine Führungsposition, deren Träger nicht einmal eine Chance zum Hineinwachsen gegeben wird oder eine Besetzung mit einer Persönlichkeit, die mangels fehlendem Zugehörigkeitsgefühl losgelöst wie ein Ufo um die Abteilung oder gar der Unternehmenskrone kreist und dabei selbstverliebt Meetinghoping betreibt oder sich in administrativen Tätigkeiten verheddert anstelle die Mitarbeiter zu führen, für die sie verantwortlich ist. Führungspersonen in Unternehmen sind überwiegend Kaltblüter, da sie die meiste imaginäre Muskelkraft besitzen und das galt bisher als erstrebenswert. Bei Selbständigen ist dagegen ein höherer Anteil an Heißblütern zu erkennen. Durch die Abgeschnittenheit von ihren Gefühlen fehlen den Kaltblütern meist jedoch die entsprechenden Werte, da diese an Gefühlen kleben. Das anspruchsvollste für Kaltblüter in Führungspositionen ist deshalb, **sich in andere hineinzufühlen** und entsprechend zu handeln, sei es durch das Aussprechen von Lob (= Wert der Anerkennung), Verständnis aufzubringen für emotionale Reibereien in der Abteilung (= Wert der Gerechtigkeit) usw. Die **strukturelle Krise in der Wirtschaft**, die wir seit einiger Zeit haben hat ihren Ursprung im Bereich der Führung, da durch Fehlen der edlen Werte der Bogen zu weit überspannt wurde, da Kaltblüter keine Grenzen kennen und somit unbewusst über alle Grenzen latschen die sie kriegen können. Gut wäre deshalb, wenn jeder Kaltblüter einen Heißblüter in beratender Funktion hätte, der ihm die Grenzen aufzeigt und zum Einhalten animiert, was wir jedoch als Traumfiktion abstempeln können, da sich ein Kaltblüter nicht dreinreden läßt. Zusätzlich wird breitflächig die Bedeutung eines Vorbildes recht stark unterschätzt. Vorbild sind wir alle für irgendjemanden, wenn kein Gutes, dann ein Schlechtes. Haben wir dazu eine Führungsposition und kreieren Nachahmer, dann ist das doppelt zu bedenken.

Impulse für eine Führungskraft

Eigene Persönlichkeit
➢ Sich, die Tätigkeit und die Position mögen.
➢ Authentisch sein, für Werte einstehen und konsequent bleiben.
➢ Gesundes Selbstvertrauen haben ohne in Selbstüberschätzung zu fallen.
➢ Für guten inneren Zustand sorgen.
➢ Chef-Allüren ablegen.
➢ Eigene Schwächen kennen und akzeptieren. Lücken schließen durch Abgabe der Verantwortung an Mitarbeiter, welche die entsprechenden Qualitäten haben.
➢ Krisen als Chancen sehen und Stärken ausbauen.
➢ Menscheln, sachlich bleiben und nicht alles als persönlichen Angriff sehen.
➢ Anerkennen, dass du erst durch Akzeptanz der zu führenden Mitarbeiter zur Führungskraft wirst und daher die nötige Willenskraft aufbringen solltest, das Boot samt Insassen auch bei Stürmen wieder heil zurück in den Hafen zu bringen.
➢ Konflikte direkt ansprechen, nicht aussitzen, herabwürdigen oder für nichtig erklären (dahinter stecken immer Emotionalitäten).
➢ Wer zu sehr im operativen Geschäft steckt sollte keine Mitarbeiter haben, denn diese bleiben zwangsläufig auf der Strecke.

Kommunikationsbereich

➢ Mitarbeiter regelmäßig loben. Das Lob soll sachlich und der Leistung angemessen sein.

➢ Mitarbeiter ernst nehmen und genau zuhören.

➢ Wertschätzung unabhängig von finanziellem, geschlechtlichem, gesellschaftlichem, gesundheitlichem, kulturellem Hintergrund übermitteln.

➢ Mitarbeiter Vertrauen schenken und Chancen zur Übernahme der Eigenverantwortung geben.

➢ Mitarbeiter an Eigenverantwortung hinsichtlich der eigenen Grenzen ermahnen - wichtig für persönliche Work-Life-Balance, denn jemand der im Strudel sitzt, sieht nach kurzer Zeit nur noch diesen!

➢ Bei Auftragserteilung an Mitarbeiter dein Anliegen genau erklären – je mehr du Experte bist, desto schlampiger sind deine Erklärungen.

➢ Pauschal-Jammerer bitten ihr Anliegen zu spezifizieren (was genau? und wirklich immer?) und Verbesserungsvorschlag bringen lassen.

➢ Wenn Gruppe zu groß ist für regelmäßige Gesprächs- und Austauschrunden: Kommunikationsplattform einrichten mit virtueller Bibliothek (Feedbackregeln, Zuständigkeiten, Arbeitsabläufe, Fachliteratur, Fortbildungsangebot, Lebensbejahendem, Wissen etc.).

➢ Persönliche und verbindliche Gespräche führen, in denen es nicht nur um Fachliches geht, sondern auch um Persönliches wie etwa die Zusammensetzung der Teams etc. ist förderlich.

➢ Freie Kommunikationskultur fördern in der Mitarbeiter angstfrei Unzufriedenheit u.ä. äußern können, denn nur so kann man gemeinsam wachsen und beugt hoher Mitarbeiterfluktuation vor.

Soziales Verhalten

➢ Menschlichkeit vor Gewinnmaximierung setzen.

➢ Gerechte Urlaubs-/Pausenregelung betreiben.

➢ Mitarbeiter schätzen: Hinter ihnen stehen, ihnen den Rücken frei halten und ihnen speziell Freiheit und Entfaltung gewähren.

➢ Verantwortung, Toleranz und Fairness vorleben.

➢ Grenzen setzen ersetzt die bisherige Handlungsweise von utopischer Grenzenlosigkeit.

➢ Gemeinsame Idee festzurren respektiert die Weltbilder jedes einzelnen und lässt über den Tellerrand schauen.

➢ Umweltgedanken festen Platz geben und Umweltschutz beachten.

➢ Auf verzogene Selbstbilder und kleine Weltbilder aufmerksam machen. Damit ist ein Blick von außen auf das Geschehen zu erhalten.

Organisationsbereich

➢ Arbeitsplatzbeschreibung erstellen lassen, damit die Verantwortlichkeiten geklärt sind.

➢ Arbeitsabläufe überdenken und nach menschlichen Grundsätzen optimieren. Dabei festhalten, wer sich mit wem abstimmen muss und mit wem zusammenarbeiten wird.

➢ Lebendigen Arbeitsplan erstellen (d.h. einen, der aktuell gehalten wird): Wer ist für was in welchem Zeitraum zuständig bzw. wer hat was zu erledigen.

➤ Betriebliches Regelwerk überdenken, denn Regeln die nicht eingehalten und bei Überschreitung nicht geahndet werden sind zwecklos.

➤ Fachbezogene Mitarbeiter bestimmen ersetzt, dass jeder alles wissen muss.

➤ Fortschrittsbarometer aufhängen: Blatt, auf dem das Ziel notiert wird und die Teilschritte abgehackt werden können bzw. mit Fähnchen markiert werden können, damit der Erfolg (=es tut sich etwas) sichtbar wird. Nichts ist lähmender, als wenn ein Projekt nicht vorwärtskommt, sondern ziel- und kontrolllos irgendwo versandet.

Bindung an das Unternehmen

➤ Wertschöpfungsprozess offenlegen (zumindest den Schlüsselpersonen gegenüber), damit Mitarbeiter Sinn an ihrer Tätigkeit erkennen.

➤ Sozialisierung und Zusammengehörigkeit fördern - ersetzt bisherige Entsozialisierung und Entfremdung. Soziale Bedürfnisse der Mitarbeiter ernst nehmen.

➤ Zum Perspektivwechsel in die Führungs- / Unternehmerposition einladen - ernüchtert manchen Arbeitnehmer mit zu hohen Ansprüchen.

➤ Werte offenlegen (Unternehmen und Mitarbeiter) fördert bessere Personalplanung – ersetzt bisheriges unzureichendes Personalbeschaffungs- bzw. -einsatzbingo.

Impulse zur neuen Werteerfüllung (Wahrheit, Gerechtigkeit, Freiheit) seitens der Führung

Organisatorisch
➢ Umstellung auf papierloses Büro (Innerverkehr).
➢ Papier mit Siegel des blauen Engels verwenden (Außenverkehr).
➢ Ökostromquelle nutzen.
➢ Heißgetränkeautomaten mit (Alt-)Papier- statt mit Plastikbecher bestücken.
➢ Faire Produkte verwenden (Kaffee, Tee, Zucker).

Mitarbeiterwohl
➢ Verpflegung: Gesundheitstag pro Woche einführen, z.B. Tag ohne tierische Produkte und über katastrophale weltweite Folgen des Fleischkonsums informieren.
➢ Ersthelfer aus- und weiterbilden lassen.
➢ Arbeitsplatz mitgestalten lassen, dabei Sinne mit einbinden.
➢ Spiritualität und Seelenheil integrieren.

Philosophie
➢ Aufhebung der geschlechtsspezifischen Berufsbelegung fördern.
➢ Wenn Firmenname negativ geprägt ist, dann Änderung bedenken, wenn rechtlich möglich.
➢ Gemeinsame Projekte mit Unternehmen betriebsfremder Unternehmenszwecke anstoßen.

Neues Arbeitsplatz-Paket
➢ Flexible Arbeitszeit- und Urlaubsmodelle.
➢ Home-Office-Platz anbieten.

- Betriebskindergärten /-tagesstätten eröffnen.
- Wenn vom Ausland kommend: Familie mit abdecken.
- Ideenaustausch als Ideenpool aufbauen: Mitarbeiter jährlich Zeitraum als unbezahlten Urlaub anbieten um der Tätigkeit (in einem anderen Betrieb) nachzugehen, die ihm auch noch zusagt. Dadurch kommt er erfüllter zurück an den alten Arbeitsplatz und die fremden Kurzzeitmitarbeiter im Betrieb bringen neue Ideen mit, da sie ja nicht fachblind sind (z.B. Ausbilder, Lehrer, Coachs, Berater, Handwerker etc.).
- Freiräume gewähren, denn: Je starrer und unbeweglicher Jobs und deren Gesamtpakete sind, desto schneller verfliegt die Motivation &&&.

> *Lebe Dein Leben, sonst tun es andere für Dich! Die Frage ist nur, ob Dich das dann erfüllt?*

Weitere Bücher von Claudia Leandra König

Zitate als Seelennahrung
ISBN 978-3-8423-7670-0

Handbuch der Geistheiler
1x1 der Selbständigkeit
ISBN 978-3-8423-3772-5

Der Stress-Knigge
ISBN 978-3-8423-0616-5

In Liebe trauern
ISBN 978-3-8391-9045-6

SEX in der Neuen Zeit
Frauenheilbuch
ISBN 978-3-8391-5237-9

Weg frei zum Gesundwerden
ISBN 978-3-8370-7870-1

Für meine Bücher gibt es bei www.amazon.de eine Leseprobe!

„Nur wer Spaß an seiner Arbeit hat,
kann auf Dauer Gutes leisten."
Felix von Cube